hänssler

Cornelia und Ulrich Mack

Der Kreuzweg

– zur Passion Christi –

Cornelia Mack studierte Sozialpädagogik und ist heute in der Gemeindearbeit, bei Frühstückstreffen für Frauen, in der Mitarbeiterschulung und Erwachsenenbildung tätig. Außerdem ist sie Autorin und Herausgeberin zahlreicher Bücher.

Ulrich Mack ist Dekan in Freudenstadt; vorher war er Pfarrer in verschiedenen Gemeinden und in der CVJM-Jugendarbeit tätig. Er ist Mitglied der Württembergischen Evangelischen Landessynode.
Cornelia und Ulrich Mack haben vier – inzwischen erwachsene – Kinder.

Hänssler-Taschenbuch
Bestell-Nr. 394.396
ISBN 3-7751-4396-3

Internet: www.haenssler.de
E-Mail: info@haenssler.de
Umschlaggestaltung und Titelbild: oha werbeagentur,
Oliver Häberlin, CH-9470 Buchs, www.oha-werbeagentur.ch
Satz: Vaihinger Satz + Druck, Vaihingen/Enz
Druck und Bindung: Ebner & Spiegel, Ulm
Printed in Germany

ecpa International Member of the Evangelical Christian Publishers Association

Inhalt

Vorwort

Der Film »Die Passion Christi« von Mel Gibson hat viele Menschen bewegt und zu unterschiedlichen Reaktionen geführt. Sicherlich kann man über die filmische Umsetzung des Passionsberichts diskutieren. Man kann sich fragen, welche schauspielerische Darstellung dem Leiden Jesu gerecht wird und was die Illustration der entsetzlichen Folter und der grausamen Kreuzigung in heutigen Menschen bewirkt.

Die Reaktionen auf Gibsons Film zeigten aber auch: Was Jesus an körperlichen Qualen erlitten hat, verblüfft viele Zuschauer. Die Passionsgeschichte ist – anders als etwa die Weihnachtsgeschichte – vielen Menschen fremd geworden. Das Bild des Gekreuzigten, der Kruzifixus, hängt zwar in Kirchen und in manchen Wohnungen, aber die Szenen der Leidensgeschichte, die Worte Jesu am Kreuz und die Reaktionen der Menschen damals sind vielen heute unbekannt.

Dahinter steckt eine tiefere Verlegenheit: Viele Menschen verstehen nicht (mehr), was an diesem gewaltsamen Tod von Jesus einzigartig und Heil bringend sein soll. Von Kanzeln und Kathedern herab wird diese Unsicherheit oft noch bestärkt. Das biblische Zeugnis des stellvertretenden Leidens und sühnenden Sterbens wird als fremdartig und dem modernen Menschen nicht mehr zumutbar erachtet.

Doch das Neue Testament bezeugt sowohl in den Evangelien wie in den Briefen: Die Passion und Auferweckung Jesu sind das Zentrum des christlichen Glaubens. An Karfreitag und Ostern kam zum Ziel, wozu Gott Jesus in die Welt sandte. Paulus schreibt darüber: »Gott war in Christus und versöhnte die Welt mit sich selber und rechnete ihnen ihre Sünden nicht zu« (2. Korinther 5,19).

Dies muss in jeder Generation neu erklärt, gepredigt, gehört und verstanden werden. Eine Form des Verstehens bietet die Tradition des Kreuzwegs. Mönche des Mittelalters praktizierten ihn im Kreuzgang ihres Klosters. Pilger in Jerusalem gingen den Leidensweg Jesu, die »via dolorosa«, und hielten an 14 Stationen zum Gebet an. Das üben Christen bis heute: auf die Passionsgeschichte hören, dabei in einer Kirche oder im Freien einen Weg gehen und an wichtigen Momenten des Leidenswegs Jesu Zeit haben zum Nachdenken, Singen, Beten.

Dieses Buch will dazu Anregungen geben. Obwohl der Kreuzweg vorwiegend in katholischen Kirchen bekannt ist, richtet es sich an Gemeinden und Gruppen aller Konfessionen. Es lädt ein, der Passion Christi nachzugehen und sie als befreiende Botschaft für das eigene Leben mehr und mehr aufzunehmen. Darum enthält es sowohl theologische Informationen zur Passionsgeschichte und zu den Worten Jesu am Kreuz als auch praktische Gestaltungshinweise.

Nicht alle der traditionellen Kreuzwegstationen sind in diesem Buch berücksichtigt. Nicht aufgenommen sind diejenigen, die nicht explizit in der Passionsgeschichte vorkommen (zweites und drittes Fallen Jesu unter das Kreuz, Jesus begegnet seiner Mutter, das Schweißtuch der Veronika). Sie können jedoch ohne Schwierigkeiten in den hier vorgeschlagenen Kreuzweg eingefügt werden.

Den einzelnen Kreuzwegstationen folgt in diesem Buch je eine Meditation der Jesus-Worte am Kreuz; sie lassen sich entweder für eine intensivere Gestaltung des Kreuzwegs selbst verwenden oder für andere Feiern und Andachten.

Schließlich soll Barabbas, der verurteilte Freigesprochene, selbst zu Wort kommen und es uns nachempfinden lassen: »Er starb an meiner Stelle – und ich bin frei.« Dies im Nachdenken und Nachgehen der Passion Christi tiefer aufzunehmen, wünschen wir allen, die dieses Buch für sich persönlich oder in der Gemeindepraxis verwenden.

Cornelia & Ulrich Mack

Hinweise zur Durchführung

Ein Kreuzweg kann mit unterschiedlichen Gruppen der Gemeinde durchgeführt und auf ganz unterschiedliche Art und Weise gestaltet werden.

Verschiedene Vorschläge zur äußeren Gestaltung:

- Wir gehen einen Weg im Freien miteinander, halten an verschiedenen Orten inne, die vorher als Kreuzwegstationen vorbereitet wurden. An diesen Stationen werden Texte gelesen, Lieder gesungen, Zeiten der Stille und des Gebets gehalten. Diese Art des Kreuzwegs ist die aufwändigste, aber vielleicht auch die eindrücklichste.

- Wir gehen in einem Gebäude (Kirche, Gemeindehaus, Freizeitheim oder Konferenzzentrum) zu vorbereiteten Stationen.

- Wir gestalten den Kreuzweg in einem Raum: wir sitzen in einem Stuhlkreis um eine vorbereitete Mitte. Nach jeder Station wird die Mitte umgestaltet – in der Umbauphase bietet sich gemeinsames Singen oder leise Musik im Hintergrund an. Diese Form eines Kreuzwegs benötigt weniger Zeit und bietet sich für Gruppen mit etwas älteren Teilnehmern an. Sie ist auch als Element in einem Tagesprogramm oder als Programmpunkt für längere Feiern oder Freizeiten geeignet.

Was in den folgenden Abschnitten unter »Information« steht, ist zunächst für die den Kreuzweg Gestaltenden selbst gedacht, kann aber auch in Andachten und Kurzansprachen verwendet werden. Die Meditationen und Gebete lassen sich unmittelbar in die Gestaltung übernehmen.

Das Ziel des Kreuzwegs ist in allen genannten Formen dasselbe: die Teilnehmer sollen in Gedanken den Leidensweg Jesu nachgehen und so in eine Begegnung mit seiner Liebe geführt werden, die so groß war, dass sie auch das Leiden nicht gescheut hat. Dieses Mitgehen, Nachdenken, Hören und Empfinden braucht Zeit. Darum sollten wir darauf achten, dass bei den einzelnen Stationen genug Zeit für Stille, Meditation und mögliche Aktionen eingeplant wird.

Erfahrungsgemäß kann ein Kreuzweg emotional sehr bewegen. Darum ist auch auf (anschließende) Möglichkeiten für Gespräche zu achten.

Kreuzweg-Stationen

Hinführung

Unser Leben ist wie ein Weg – ein Weg der immer wieder auch gekreuzt wird von anderen Wegen. Immer wieder stehen wir vor Kreuzungen und Entscheidungen, immer wieder wenden sich unsere Wege in eine andere Richtung. Manche Wege empfinden wir als Umwege oder Rückwege, andere als Wege in Abgründe oder Sackgassen, wieder andere Wege sind voller Hoffnung und Vorfreude.

Manche dieser Wege werden uns auch buchstäblich zu Kreuzwegen, wir empfinden sie als zu schwer, zu belastend. Wir wissen nicht, woher wir die Kraft für den nächsten Schritt nehmen sollen, wir sehen das Ziel nicht, wir wissen nicht, ob wir noch auf dem richtigen Weg sind. Das bewusste Sich-Einlassen auf den Kreuzweg Jesu und das Nachdenken darüber kann uns darum auch eine Hilfe für eigene schwere Wege im Leben sein. Ein Kreuzweg kann uns die Augen öffnen für die offenen Türen hinter den Fragen und Ängsten, kann uns neue Blickrichtungen auf unsere schweren Wege geben.

1. Station

Christus wird verurteilt

Der Hohe Priester fragte Jesus: Bist du der Christus, der Sohn des Hochgelobten? Jesus aber sprach: Ich bin's; und ihr werdet sehen den Menschensohn sitzen zur Rechten der Kraft und kommen mit den Wolken des Himmels.

Da zerriss der Hohe Priester seine Kleider und sprach: Was bedürfen wir weiterer Zeugen? Ihr habt die Gotteslästerung gehört. Was ist euer Urteil? Sie aber verurteilten ihn alle, dass er des Todes schuldig sei.

(Markus 14,61-64)

(Siehe auch Bildband »Die Passion Christi«, S. 56)

Information

Jesus wurde in zwei Instanzen verurteilt: in einer jüdischen und einer römischen. Der oberste Repräsentant der Juden war der Hohe Priester, Vorsitzender des Hohen Rates (hebräisch: Sanhedrin). Am Morgen des Karfreitags trat dieses Gremium zusammen. Die Befragungs einiger Zeugen ergab in der Verhandlung zunächst kein klares Bild. Da geht der Hohe Priester aufs Ganze. Er fragt Jesus, ob er sich für den Messias (griechisch: Christus) halte, den versprochenen Retter; nach jüdischem Verständnis durfte sich aber niemand selbst als Messias ausgeben, sondern Gott musste ihn als Gottes- und Menschensohn erweisen (alle drei Titel – Christus, Gottessohn und Menschensohn – wurden damals für den endzeitlichen Retter gebraucht). Nach den drei ersten Evangelien bejaht Jesus zum ersten Mal diese Frage öffentlich und kündigt Gottes Bestätigung seiner Messianität an. Der Hohe Priester und mit ihm der Hohe Rat halten diese Antwort für eine Gotteslästerung: in ihren Augen Grund genug für die Todesstrafe.

Nun stand aber das Land unter dem römischen Besatzungsrecht. Danach durften nur die Römer die Todesstrafe aussprechen. So wird Jesus zur zweiten Instanz seiner Verurteilung geführt: zum obersten römischen Repräsentanten, dem Prokurator Pontius Pilatus.

Und alsbald am Morgen hielten die Hohen Priester Rat mit den Ältesten und Schriftgelehrten und dem ganzen Hohen Rat, und sie banden Jesus, führten ihn ab und überantworteten ihn Pilatus. Und Pilatus fragte ihn: Bist du der König der Juden? Er aber antwortete und sprach zu ihm: Du sagst es ... Pilatus aber wollte dem Volk zu Willen sein und gab ihnen Barabbas los und ließ Jesus geißeln und überantwortete ihn, dass er gekreuzigt werde.

(Markus 15,1-2.15)

Die Anklage, Jesus sei der »König der Juden«, übersetzt den Messiastitel ins Politische. Pilatus zögert zunächst, Jesus zu verurteilen. Doch dann stellt er sich selbst eine juristische Falle. Er folgt dem Brauch, anlässlich des Passahfestes einen Verurteilten zu begnadigen. Er lässt den Mörder Barabbas kommen; die Volksmenge soll zwischen ihm und Jesus wählen. Pilatus stellt damit Jesus auf eine Stufe mit dem Verurteilten – und kann am Ende nur noch dem Druck der Volksmenge nachgeben. Er verurteilt Jesus zum Tod am Kreuz. Und Barabbas wird frei.

Meditation

Jesus wird verurteilt. Genauer: er wird gegen einen zum Tod Verurteilten ausgetauscht. Der Unschuldige wird schuldig – und der Schuldige wird freigesprochen.

Auch wir erleben es manchmal: ungerecht behandelt, zu Unrecht verurteilt, trügerisch schuldig gesprochen zu werden. Und ebenso umgekehrt: Wie oft sind wir selbst dabei, über andere Menschen zu urteilen, lassen uns von Vorurteilen, von Sympathien und Antipathien leiten.

Sehen wir auf Jesus: Da steht er, gebunden, hört die falschen Anklagen und das ungerechte Urteil – und schweigt zu Lüge und Falschheit. Er lästert nicht, als er verlästert wird. Er nimmt das Urteil an, obwohl es Unrecht ist.

Von Jesus können wir lernen: Menschliches Richten ist nicht immer richtig. Menschliche Meinungen sind oft ungerecht. Auf menschliche Urteile ist oft kein Verlass. Sicherer und fester Halt ist allein in Gott. Sein Urteil über unserem Leben hören wir in Gottes Wort. Es lautet oft ganz anders als menschliche Urteile. Darum ist es wichtig, Gottes Reden über unserem Leben neu zu hören. Wo spricht Gott mir Kraft und Hoffnung zu? Wie spricht Gott mir seine Liebe zu? An welchen Stellen will Gott mein Leben korrigieren und verändern?

Jesus wird verurteilt – und trägt das falsche Urteil. Er ist bei uns, auch wenn wir Unrecht erleiden. Er ist mit seiner Liebe bei uns. Er gibt Kraft zum Lieben, Tragen, Weitergehen.

Gebet

Herr Jesus Christus,
du hast den Spott der Menschen erlitten. Du hast das falsche Urteil gehört. Du hast das Unrecht auf dich genommen. Dich beten wir an. Wir danken dir für deine Liebe, die auch im Leiden nicht aufhört. Wir danken dir für deine Güte, die größer ist als alles menschliche Richten. Vergib uns unser schnelles Urteilen. Mach uns zu liebevollen, ehrlichen, freien Menschen. Lass uns immer neu erfahren, dass du in Höhen und Tiefen des Lebens bei uns bist. Amen.

Gestaltungsvorschlag

An der Station bzw. in der Mitte des Stuhlkreises liegt ein großes Tuch, auf diesem mehrere Bögen Papier und einige Filzstifte.

Textlesung
Markus 14,60-64

Erklärung

Lied
Herzliebster Jesu, was hast du verbrochen (EG 81)

Praktische Vorschläge
Die Teilnehmer können verurteilende Sätze auf einen großen Bogen Papier aufschreiben: Vorurteile, die ihnen immer wieder begegnen; richtende Worte oder Sätze, durch die sie selbst schon von anderen verletzt wurden oder mit denen sie ihre Mitmenschen getroffen haben. Die Sätze können danach stellvertretend von einem Mitarbeiter oder Teilnehmer vorgelesen werden.

Meditation

Stille und Gebet

2. Station

Christus nimmt das Kreuz auf

Die Soldaten nahmen Jesus, und er trug sein Kreuz und ging hinaus zur Stätte, die da heißt Schädelstätte, auf hebräisch Golgatha.

(Johannes 19,17)

(Siehe auch Bildband »Die Passion Christi«, S. 84)

Information

Das Kreuz – grobe Holzbalken, von römischen Soldaten schnell passend behauen – nun liegt es auf Jesu Schulter. Zur Todesstrafe gehörte es, dass der Verurteilte sein Kreuz selbst zu tragen hatte.

Auf Bildern sehen wir meistens Jesus, wie er das ganze Kreuz trägt. Vermutlich trug er nur den oberen Querbalken zur Hinrichtungsstätte, aber schon dieser war schwer genug. Der Längsbalken lag entweder am Hinrichtungsort oder war sogar schon in die Erde gerammt, damit der Querbalken mit dem angenagelten Verurteilten daran hochgezogen werden konnte.

Meditation

Jesus nimmt den Kreuzesbalken. Er nimmt ihn ohne Murren und ohne Widerstand, obwohl er allen Grund gehabt hätte, aufzubegehren und sich zu wehren. Er hätte auf seine Schmerzen und körperliche Schwächung verweisen können. Er hätte sagen können: Das ist eine Zumutung. Aber die Haltung von Jesus war die der Hingabe und des Ja-Sagens.

Nicht immer ist Hinnehmen der richtige Weg. Gelegentlich müssen wir auch protestieren. Wo wir Ja sagen und wo wir Nein sagen müssen, ist manchmal schwer abzuwägen. Unser Alltag ist manchmal wie ein Kreuz, das wir aufnehmen und tragen müssen: schwierige Verhältnisse; Menschen, die uns Kummer machen; Fehler, die wir nicht rückgängig machen können. Wo wir aber zu einem Ja in schweren Situationen finden, ist das Ja-Sagen der Schlüssel zu neuen Möglichkeiten, gibt es uns neue Perspektiven und Sichtweisen, neue Wege und Lösungswege für unseren Alltag.

Gebet

Herr Jesus Christus,
du hast das Kreuz auf dich genommen. Die Last hast du getragen. Das Schwere hast du auf deine Schultern gelegt. So bist du uns nah, auch wenn wir zu tragen haben. Du weißt, was uns bedrückt. Du siehst, was zu schwer für uns scheint. Wir wollen auf dich sehen, du Heiland der Welt. Hilf uns, aus deiner Liebe Kraft zu

holen, aus deinem Dulden Geduld, aus deinem Tragen das Vertrauen, dass du uns trägst. Amen.

Gestaltungsvorschlag

Material
Ein oder mehrere verschieden schwere Holzbalken werden an die Station oder in die Mitte des Kreises gelegt.

Textlesung
Johannes 19,17

Erklärung

Lied
Holz auf Jesu Schulter (EG 97)

Meditation

In der Stille überlegen wir, an welcher Stelle wir eine Last neu aufnehmen und dazu Ja sagen wollen. Wer will, kann zum Zeichen dafür einen der Holzbalken auf die Schultern nehmen, das Gewicht spüren, sich innerlich mit einer persönlichen Last beschäftigen, ein Stück Weg damit gehen.

Währenddessen Musik

Stille und Gebet

3. Station

Jesus stürzt zu Boden

(Siehe auch Bildband »Die Passion Christi«, S. 85)

Information

Es gibt keine Bibelstelle, die das Hinfallen des erschöpften Jesus ausdrücklich erwähnt. Nur aus dem kurzen Bericht über Simon von Kyrene (vgl. die 4. Station) können wir schließen, dass Jesus sein Kreuz nicht mehr tragen konnte und vermutlich darunter zusammengebrochen war. Dies ist nicht verwunderlich. Jesus war vorher von römischen Soldaten gegeißelt worden. Die damals übliche Geißel bestand aus mehreren zusammengebundenen Lederriemen, in die Metallspitzen und scharfe Steine oder Knochen eingeflochten waren. Diese zerfetzten die Haut, stachen in das Fleisch, rissen den Körper auf. Bei einer römischen Geißelung floss viel Blut. Es gibt Berichte von Verurteilten, die eine solche Geißelung nicht überlebten. Es ist darum verständlich, dass Jesus auf dem Kreuzweg stürzte.

Im traditionellen Kreuzweg der römisch-katholischen Kirche erinnern die 3., die 7. und die 9. Station an ein dreifaches Fallen Jesu. Wie im Vorwort geschildert, wird hier auf diese weiteren Stationen verzichtet, da biblische Belege fehlen. Es ist aber durchaus möglich, die hier für die 3. Station beschriebenen Gedanken und Elemente für weitere Stationen zu verwenden, an denen das Fallen Jesu bedacht wird.

Meditation

Jesus fällt unter der Last seines Kreuzes. Aber auch wir kennen aus unserem Alltag Situationen des Fallens, des Scheiterns, des Versagens. Wir machen Fehler, wir werden schuldig. Die erste menschliche Reaktion: Beschönigen, verleugnen oder anderen die Schuld geben. Wir möchten gerne gut dastehen vor anderen – fehlerlos, bewundert. Doch der erst zeigt wahre Größe, der auch zu seinem Fallen, zu seinen Fehlern stehen kann. Dann stehen wir ganz nahe bei Jesus. Er ist es, der unschuldig verurteilt wurde, der für uns diesen Weg ging, der für uns fiel. Sein Fallen ist das Zeichen für uns: Er vergibt uns, wenn wir in Sünde fallen. Er richtet uns wieder auf. Er gibt uns die Kraft, wieder aufzustehen und neu zu beginnen – mit Gott, mit uns selbst und auch mit unseren Mitmenschen.

Gebet

Wenn wir fallen, Herr, dann sei du bei uns. Wenn wir stürzen, dann halte uns fest. Wenn wir straucheln, dann gib uns neuen Mut. Wir sind nicht immer stark – und müssen es vor dir nicht sein. Du bist selbst in die Tiefe gegangen. Du hast dich zu den Schwachen herabgebeugt und bist selbst schwach geworden. Hilf uns, in unserer Schwachheit von deiner Kraft zu leben, in unserem Fallen deine Macht zu erfahren. Amen.

Gestaltungsvorschlag

Wir bleiben an der Station mit den Balken oder bereiten an der 3. Station weitere Balken vor.

Erklärung

Gedanken zur persönlichen Meditation

Szene
Einzelne (die dies vorher evtl. eingeübt haben) können vormachen, wie es ist, unter dem Balken zu fallen, liegen zu bleiben, dann einander beizustehen und einander wieder aufzurichten. Wenn dies gut eingeübt ist, kann es sehr eindrücklich auf die Teilnehmer wirken.

Lied
O Mensch, bewein dein Sünde groß (EG 76) oder
Ein Lämmlein geht und trägt die Schuld (EG 83)

Stille und Gebet

4. Station

Simon hilft tragen

Die Soldaten führten Jesus hinaus, dass sie ihn kreuzigten. Und zwangen einen, der vorüberging, mit Namen Simon von Kyrene, der vom Feld kam, den Vater des Alexander und des Rufus, dass er ihm das Kreuz trage.

(Markus 15,20b+21)

(Siehe auch Bildband »Die Passion Christi«, S. 98)

Information

Jeder römische Soldat konnte einen Juden zwingen, eine Meile mit ihm zu gehen und dabei eine Dienstleistung zu erbringen, zum Beispiel das Gepäck des Soldaten oder auch den Kreuzesbalken eines Verurteilten zu tragen (vgl. Matthäus 5,41). Simon stammt aus Kyrene, einem Ort in Nordafrika. Vermutlich wohnte er in Jerusalem und kam gerade von der Arbeit auf seinem Feld zurück. Den Lesern der Evangelien war er bekannt, sonst wäre sein

Name nicht ausdrücklich überliefert worden. Vermutlich gehörte er mit seinen Söhnen Alexander und Rufus zur Urgemeinde. Rufus wird in Römer 16,13 nochmals genannt und als »Auserwählter in dem Herrn« bezeichnet. Darum können wir annehmen, dass Simon von Kyrene durch das Kreuztragen zur Gemeinde und zum Glauben gefunden hat. Sein Kreuzweg führte zur Nachfolge.

Meditation

Simon übernahm zunächst unfreiwillig das Kreuz und ging an der Seite von Christus. Der biblische Bericht sagt, dass er dazu gezwungen wurde. Und doch mündete sein Kreuzweg in den Glaubensweg.

Oft geht es uns wie Simon: Manchmal überraschend, oft auch unfreiwillig haben wir Kreuze in unserem Leben zu tragen. Dann ist es gut, wenn Mitmenschen diesen Weg mit uns teilen und ein Stück mit uns gehen. Einander tragen in schweren Zeiten, miteinander Lasten tragen, gibt uns neuen Mut zum Glauben. Wir müssen oft erst den Mut finden, uns von anderen helfen zu lassen. Meistens wollen wir selbst stark sein, alles alleine bewältigen. Auch darin können wir von Christus lernen: Hilfe annehmen, es zulassen, dass jemand ein Stück Weg mit uns geht. So können Mitchristen uns zum Zeichen werden für Christus, der sich mit unter unsere Lasten stellt und unseren Blick wieder aufrichten will.

Gebet

Und ob ich schon wanderte im finsteren Tal fürchte ich kein Unglück, denn du bist bei mir. Dein Stecken und Stab trösten mich. (aus Psalm 23)

Gestaltungsvorschlag

An dieser 4. Station wieder Balken vorbereiten bzw. an der Station mit den Balken bleiben.

Erklärung

Gedanken zur persönlichen Meditation

In der Stille überlegen wir, wem wir helfen wollen, eine Last zu tragen oder wen wir bitten wollen, ein Stück Weg mit uns zu gehen. Paarweise nehmen wir nun einen der Balken nochmals auf. Wir werden spüren, dass die vorige Last nun leichter zu tragen, der Weg besser zu gehen ist.

Lied
Ein jeder trage die Last des anderen

Stille und Gebet

5. Station

Die weinenden Frauen

Es folgte ihm aber eine große Volksmenge und Frauen, die klagten und beweinten ihn. Jesus aber wandte sich um zu ihnen und sprach: Ihr Töchter von Jerusalem, weint nicht über mich, sondern weint über euch selbst und über eure Kinder. Denn siehe, es wird die Zeit kommen, in der man sagen wird: Selig sind die Unfruchtbaren und die Leiber, die nicht geboren haben, und die Brüste, die nicht genährt haben! Dann werden sie anfangen zu sagen zu den Bergen: Fallt über uns!, und zu den Hügeln: Bedeckt uns! Denn wenn man das tut am grünen Holz, was wird am dürren werden?

(Lukas 23,27-31)

(Siehe auch Bildband »Die Passion Christi«, S. 92)

Information

Öffentliche Totenklage für einen zum Tod Verurteilten war damals nicht erlaubt. Hier klagen dennoch Frauen und »eine große Volksmenge«; es gab also noch viele Menschen, die gegen die Hinrichtung von Jesus waren. Um welche Frauen es sich handelt, wird hier nicht gesagt. Jesus sagt noch unter ungeheuren Schmerzen in einem prophetischen Wort, dass am Ende nicht er, sondern die zu beweinen sind, die ihn jetzt ans Kreuz bringen. Mit einer Klage hatte Jesus Jerusalem begrüßt (Lukas 19,41ff.), mit einer Klage verlässt er die Stadt. Und es fällt auf: Jesus beklagt nirgendwo sich selbst, sondern diejenigen, die für ihre eigene Situation vor Gott blind sind. Das Gericht Gottes wird kommen. Alles Unrecht wird einmal offenbar werden. Selbst fallende Berge können dann die Menschen nicht vor Gott, dem Richter, schützen. Wie dürres Holz viel heftiger brennt als grünes, so wird es der Stadt, die Jesus jetzt hinaustreibt, viel »heißer« gehen als dem, der nun verurteilt wird. Das sieht Jesus; darum sagt er den Frauen: »… weint nicht um mich, sondern weint um euch selbst.« So tröstet Jesus, ohne zu vertrösten. Auf dem Weg zum Kreuz sieht er das Leid und die Schuld der Welt vor sich. Im Horizont des kommenden Gerichts Gottes kann der unerlöste Mensch nur weinen. Doch Jesus tröstet auf seinem Weg zum Kreuz. Sein Tod für uns ist Gottes vorweggenommenes Gericht für alle, die daran glauben, Gottes Vor-Urteil, in dem die Liebe siegt. So leuchtet in den Worten von Jesus an die Frauen die endzeitliche Tiefendimension der Passion auf. Nun gilt: Gott ist für uns, darum kann uns nichts von seiner Liebe scheiden (Römer 8,31.39).

Meditation

Das Weinen über sich und seine Schuld, Tränen der Reue und der Buße haben verändernde, befreiende und umgestaltende Kraft. Es gehört zu den eindrücklichsten Glaubenserfahrungen, in solchen Stunden des Schmerzes über sich selbst und die eigene Verlorenheit die Zusage von Gottes Vergebung zu hören und für sich in Anspruch zu nehmen. Weinenkönnen gehört zu einem echten und transparenten Leben dazu. Auch Jesus weinte immer wieder (Lukas 19,41). Wir dürfen zeigen, wo uns etwas wehtut, etwas schmerzt. Wir dürfen Gefühle äußern. Weinen macht uns auch sensibel für den Schmerz anderer Menschen. Eine tiefe Wahrheit ist in dem Sprichwort verborgen: »Augen, die geweint haben, sehen besser.«

Das Leiden und Sterben von Jesus will uns sehen lehren:

- wie sehr die Menschen sich immer neu in Böses verrennen, sich in Schuld verstricken und Gottes Gebote mit Füßen treten;
- wie wir selbst vor Gott wirklich dastehen, wie oft wir ohne Gott und gegen Gott gelebt haben, wie sehr wir auf uns selbst fixiert sind und nicht zuerst nach Gottes Willen leben;
- wie sehr uns Gott aber trotzdem liebt, wie er uns nachgeht bis in die Tiefen von Schuld und Tod. Das ist der Trost im Leiden, Lob unter Tränen.

So tröstet Jesus auch hier die die um ihn trauern und wegen ihm klagen. So will Jesus auch uns trösten in unserem Leid. »Ich will euch trösten, wie einen seine Mutter tröstet« (Jesaja 66,13). Wer so von Gott getröstet wurde, kann auch andere leidende oder traurige Menschen viel tiefer trösten.

Gebet

Herr Jesus Christus,
du hast das Kreuz getragen und dabei die Frauen am Weg nicht übersehen. Du hast gelitten und doch andere getröstet. Du hast nicht deine Schmerzen beklagt, sondern die innere Blindheit von uns Menschen, unsere Verlorenheit, wenn wir nicht aus deiner Versöhnung leben. Hilf, dass wir im Licht deines Leidens und Sterbens für uns erkennen, dass du unser Trost bist im Leben und im Sterben. Amen.

Gestaltungsvorschlag

Material
Eine Schale mit Salzwasser

Textlesung
Lukas 23,27-31

Erklärung

Persönliche Meditation

Während wir eine Schale mit Salzwasser herumreichen, überlegen wir, an welcher Stelle wir schon geweint haben oder gerne weinen würden. Wer will ist eingeladen, die Hände oder das Gesicht mit Salzwasser zu befeuchten, das Tränenwasser zu schmecken.

Währenddessen singen wir immer wieder, wenn möglich mehrstimmig, das ***Kyrie aus Taizé*** *(EG 178.12)*

Stille und Gebet

6. Station

Jesus wird seiner Kleider beraubt

Die Soldaten nahmen seine Kleider und machten vier Teile, für jeden Soldaten einen Teil, dazu auch das Gewand. Das war aber ungenäht, von oben an gewebt in einem Stück. Da sprachen sie untereinander: Lasst uns das nicht zerteilen, sondern darum losen, wem es gehören soll. So sollte die Schrift erfüllt werden, die sagt (Psalm 22,19): »Sie haben meine Kleider unter sich geteilt und haben über mein Gewand das Los geworfen.« Das taten die Soldaten.

(Johannes 19,23-24)

(Siehe auch Bildband »Die Passion Christi«, S. 116)

Information

Die Soldaten durften in der Regel das, was der zum Tod Verurteilte am Leib trug, für sich behalten. Neben dem Obergewand, den Sandalen, dem Gürtel und der Kopfbedeckung wurde Jesus auch der Unterwäsche beraubt. Wie bei dieser schändlichsten Todesstrafe üblich, musste der Verurteilte völlig nackt am Kreuz hängen. Dies bedeutete in den Augen der Juden eine völlige Erniedrigung. Doch das Evangelium zeigt auch: Was hier in der Passion Christi geschieht, ist nicht zufällig und nicht menschliche Willkür; sondern hier erfüllt sich Gottes Ratschluss, wie er im Alten Testament schon aufgezeichnet wurde. Der Psalm 22 war das Sterbegebet der frommen Juden; Jesus hat ihn gebetet und den 1. Vers daraus laut gesprochen: »Mein Gott, mein Gott, warum hast du mich verlassen.« Bis in die Einzelheiten des Sterbens Jesu wird dieser Psalm erfüllt.

Meditation

Was für eine Erniedrigung und Demütigung, ohne Kleider, nackt vor anderen Menschen zu stehen. Neben der äußeren Entkleidung gibt es auch ein inneres Entkleidetwerden: verhöhnt, verleumdet, ausgelacht, verspottet werden. Viele kennen dies als persönliche Erfahrung und haben darunter zu leiden. Jesus hat es durchlitten, es auf sich genommen, um den Weg für uns zu Ende zu gehen.

All die vielen Situationen des menschlichen Leids, die Schwierigkeiten, durch die wir im Leben gehen müssen, kennt Jesus aus eigener Erfahrung. Darum kann niemand mehr sagen: Gott versteht mich nicht, Gott ist fern von mir. Egal wie unser Leid aussieht, Jesus kennt es und ist darum gerade in solchen Situationen ganz nah bei uns. Er bekleidet uns in solchen Situationen mit neuer Würde, mit dem Kleid seiner Barmherzigkeit.

Gebet

So sehr haben Menschen dich verachtet, Jesus. So tief hat man dich erniedrigt. So hast du dich verabscheuen und verspotten lassen – aus Liebe zu uns. Seitdem kann kein Mensch mehr so tief fallen, dass du nicht ganz nah bei ihm sein kannst. Kein Mensch ist so weit von Gott entfernt, als dass du nicht ganz bei ihm sein kannst, der du in die Tiefe des Leidens und Sterbens gegangen bist. Hilf uns, dass wir aus deiner Liebe lernen, einander mit Würde zu begegnen und auch die zu achten, die uns fremd oder feind sind. Amen.

Gestaltungsvorschlag

Die Teilnehmer können in der Stille über Situationen des persönlichen Entblößtwerdens, die sie schon erlebt haben, nachdenken: Vorwürfe, Peinlichkeiten, Erniedrigungen. Diese können evtl. auch bereits auf Zettel geschrieben werden und mit den anderen zusammen an der nächsten Station ans Kreuz geheftet werden.

Textlesung
Lukas 23,27-31

Erklärung

Persönliche Meditation

Lied
Herr, stärke mich, dein Leiden zu bedenken (EG 91)

Stille und Gebet

7. Station

Jesus wird ans Kreuz genagelt

Als sie kamen an die Stätte, die da heißt Schädelstätte, kreuzigten sie ihn dort.

(Lukas 23,33)

(Siehe auch Bildband »Die Passion Christi«, S. 110)

Information

Die Kreuzigung war eine brutale, entsetzliche Todesstrafe, so schrecklich, dass sie für römische Bürger verboten war. Lange, starke Nägel wurden durch Hand- und Fußwurzeln getrieben. Eine kleine Sitzhilfe verlängerte die Qual bis zum Tod durch Erschöpfung, Kreislaufkollaps oder Erstickung, weil durch die dauernde Aufwärtshaltung der Arme langsam Blut in die Lungen lief und die Atmung irgendwann versagte. Um das Sterben zu beschleunigen, konnten Soldaten die Unterschenkel zertrümmern; dann hing das ganze Körpergewicht an den Armen. Die Kreuzigung verursachte unsägliche körperliche

Schmerzen. Dazu kamen der seelische Schmerz des Spottes und der tiefen Verachtung.

Die »Schädelstätte«, auf hebräisch »Golgatha«, war ein Felsen in der Form eines Schädels, nahe an den Stadttoren Jerusalems gelegen.

Meditation

Solange Jesus das Kreuz trägt, kann er es immer noch abwerfen. In dem Moment aber, als er angenagelt wird, kann er nicht mehr davonlaufen. Er leidet unter unsäglichen Schmerzen, und ein qualvolles Sterben steht ihm bevor. Erstaunlich ist, wie Jesus selbst in solch einer Situation noch an andere denken kann: Er bittet um Vergebung für seine Peiniger, er spricht mit den Mitverurteilten, er sorgt sich um seine Mutter und den Jünger Johannes, er betet zu Gott.

Das Leid und der Schmerz treiben ihn in die Arme Gottes, er betet Psalmen, er schreit zu ihm in seiner Not.

Wer kann verstehen, was da geschah – und warum? Die Bibel zeigt in Jesaja 53 schon auf das Sterben von Jesus: »Er trug unsre Krankheit und lud auf sich unsre Schmerzen. Er ist um unsrer Missetat willen verwundet und um unsrer Sünde willen zerschlagen. Die Strafe liegt auf ihm, auf dass wir Frieden hätten, und durch seine Wunden sind wir geheilt.«

Gebet

Herr Jesus Christus,
wir sehen dich am Kreuz und denken an dein Leiden und Sterben. Du hast unendliche Qualen ausgehalten. Lass uns darin deine Liebe erkennen, die sich für uns geopfert hat; deine Barmherzigkeit, die unsere Schuld auf sich nahm; deine Vergebung, durch die uns das neue Leben geschenkt ist. Alle Angst der Welt hast du ausgestanden und überwunden. Durch deinen Tod hast du uns den Himmel aufgetan. Keine Schuld ist nun mehr so groß, dass sie uns von dir trennen könnte. Amen.

Gestaltungsvorschlag

Ein großes Holzkreuz, kleine Papierblätter, Stifte, Stecknadeln (oder Tesafilm) werden in die Mitte gelegt/an der Station bereitgestellt.

Textlesung
Lukas 23,33-34.39-43

Erklärung

Persönliche Meditation

Lied
Das Kreuz ist aufgerichtet (EG 94)

Die Teilnehmer sind eingeladen, ein persönliches Problem, eine Last, eine Schuld, einen Konflikt, eine Not mit wenigen Worten auf ein Blatt Papier zu schreiben, dieses dann zu falten und ans Kreuz zu heften.Wichtig ist dabei der Hinweis, dass diese Zettel später vernichtet werden.

Währenddessen Musik

Wenn alle Papierblätter hängen, kann kurz nochmal darauf hingewiesen werden, dass dies so in der Bibel steht: Jesus hat unseren Schuldbrief ans Kreuz geheftet (Kolosser 2,14). So sichtbar, wie die Briefe jetzt am Kreuz hängen, so wahr ist es, dass Jesus uns vergibt, wenn wir unsere Schuld bekennen (1. Johannes 1,9).

Wir bleiben an dieser Station.

8. Station

Der Tod Jesu

Und es war schon um die sechste Stunde, und es kam eine Finsternis über das ganze Land bis zur neunten Stunde, und die Sonne verlor ihren Schein, und der Vorhang des Tempels riss mitten entzwei. Und Jesus rief laut: Vater, ich befehle meinen Geist in deine Hände! Und als er das gesagt hatte, verschied er.

(Lukas 23,44-46)

(Siehe auch Bildband »Die Passion Christi«, S. 112)

Information

Drei Stunden lang, von mittags um 12 bis um 15 Uhr, brach eine Finsternis »über das ganze Land« herein. Die Schöpfung nimmt teil am Sterben des Gottessohnes. Und noch etwas ereignet sich: Der Vorhang im Jerusalemer Tempel zerreißt! Es ist der Vorhang vor dem »Allerheiligsten«, dem Ort der Gegenwart Gottes, der normalerweise verschlossen war. Nur einmal im Jahr, am »Großen Versöhnungstag«, durfte der Hohe Priester hinter den Vorhang gehen und bei Gott um Versöhnung für das Volk bitten. Nun – im Tod von Jesus – ist der Vorhang zerrissen. Der Zugang zu Gott ist offen, der Weg ist frei. Karfreitag ist der große Versöhnungstag für die ganze Welt.

Jesus hat sieben Worte am Kreuz gesprochen; eines davon überliefert Lukas als letztes Wort von Jesus. Zu allen Worten am Kreuz sind Erklärungen hinten ab S. 53 zu finden.

Meditation

In seiner Todesstunde betet Jesus den Psalm 22. »Mein Gott, mein Gott, warum hast du mich verlassen?« Es war der Psalm, den jeder fromme Jude in seiner Sterbestunde betet. Jesus vertraute bis in den Tod. Noch im Sterben legt er sein Leben in die Hand Gottes: »Vater, in deine Hände befehle ich meinen Geist.« Er vertraut ganz. Der Vater ist seine Zuflucht. Das können wir an Jesus sehen: Letzte Sicherheit, letzter Halt, letzte Zuflucht ist allein bei Gott. Er hat Anfang und Ende unseres Lebens in der Hand. Darum dürfen wir ihm vertrauen – auch in der Todesstunde; denn der Zugang zu Gott ist frei. Nichts kann uns jetzt mehr scheiden von der Liebe Gottes.

Gebet

Heiliger, allmächtiger Gott,
als Jesus am Kreuz schrie, als der Vorhang im Tempel zerriss, als der Himmel sich verfinsterte, da schien alles zu Ende. Du aber, Herr, hast ihn auch im Tod nicht losgelassen. Du hast ihn zum neuen Leben auferweckt. Weil er für uns starb, gibst du uns neues Leben. Weil er unsere Schuld auf sich nahm, sind wir frei zu neuer Hoffnung. Dir danken wir für deine große Liebe. Amen.

Gestaltungsvorschlag

Material
Ein sehr großes schwarzes Tuch

Textlesung
Markus 15, 34-37

Erklärung

Persönliche Meditation

Lied
Du großer Schmerzensmann (EG 87) oder
Siehe, das ist Gottes Lamm (EG 190.4)

Wir nehmen ein schwarzes Tuch und verhüllen damit das Kreuz. Die Zettel, die wir zuvor angeheftet haben, sollten nun nicht mehr zu sehen sein.

Stille

Wir bleiben an dieser Station.

9. Station

Die Kreuzabnahme

Und als es schon Abend wurde und weil Rüsttag war, das ist der Tag vor dem Sabbat, kam Josef von Arimathäa, ein angesehener Ratsherr, der auch auf das Reich Gottes wartete, der wagte es und ging hinein zu Pilatus und bat um den Leichnam Jesu. Pilatus aber wunderte sich, dass er schon tot sei, und rief den Hauptmann und fragte ihn, ob er schon lange gestorben sei. Und als er's erkundet hatte von dem Hauptmann, gab er Josef den Leichnam. Und der kaufte ein Leinentuch und nahm ihn ab ...

(Markus 15,42-46)

(Siehe auch Bildband »Die Passion Christi«, S. 132)

Information

Josef von Arimathäa war ein Mitglied des Hohen Rates, des Gremiums, das bei Pilatus das Todesurteil für Jesus forderte. War Josef damals dabei? Stimmte er dagegen? Von ihm heißt es: Er »erwartete das Reich Gottes«, das heißt: er hoffte auf den Messias. Dass er – entgegen der Mehrheit des Hohen Rates – sich nach dem Tod von Jesus für eine würdige Bestattung einsetzte und darum zu Pilatus ging, zeigt seinen Mut. Normalerweise wurden Gekreuzigte nicht würdig bestattet. Pilatus macht hier eine Ausnahme – vielleicht von dem Hauptmann beeinflusst und beeindruckt, der Jesus als Gottes Sohn erkannt hat.

Meditation

Was mögen die Jünger, die Frauen und die Mutter Maria unterm Kreuz empfunden haben? Alles zu Ende? Was war nun mit den ganzen Verheißungen über seinem Leben? Wie schwer muss der Tod ihres Herrn für die gewesen sein, die ihn geliebt und verehrt haben. Wie verzweifelt müssen sie empfunden haben. Der Tod reißt tiefe Wunden in unsere Seele. Wenn ein geliebter Mensch geht, sehen wir oft kein Licht mehr. Die Verzweiflung verdunkelt unsere Seele. Solche Stunden zu durchleiden und auszuhalten, kostet unendlich viel Kraft. Die Jünger hatten noch nichts von der Auferstehung begriffen, aber wir wissen, dass das Leid nicht das Letzte ist. Wir wissen, dass der Tod verschlungen ist in den Sieg (vgl. 1. Korinther 15,54). Das kann auch bei Todeserfahrungen und Abschieden Hoffnung geben.

Gebet

Nun wirst du, Jesus Christus, vom Kreuz genommen und ins Grab gelegt. Es ist vollbracht! Es ist alles vollbracht, was wir zur Liebe, zur Hoffnung, zu neuem Leben brauchen. Du hast am Kreuz deine Feinde geliebt, du hast den Sündern vergeben, du hast auf den Vater im Himmel vertraut. Wir danken dir dafür. Gib uns wie dem Josef damals Entschiedenheit, dir zu dienen und dir nachzufolgen. Amen.

Gestaltungsvorschlag

Das schwarze Tuch drückt die Schwere des Todes aus. An dieser Stelle ist es hilfreich, nach den Erklärungen und Meditationstexten, nur zu schweigen und die Stille auszuhalten.

Lied

Menschen gehen zu Gott in ihrer Not (EG 547)

Gebet

10. Station

Die Grablegung

... und wickelte ihn in das Tuch und legte ihn in ein Grab, das war in einen Felsen gehauen, und wälzte einen Stein vor des Grabes Tür.

(Markus 15,46)

(Siehe auch Bildband »Die Passion Christi«, S. 133)

Information

Der Felsenhügel Golgatha stand inmitten eines ehemaligen Steinbruchs, der zur Zeit von Jesus längst zum Park geworden war. Dort besaßen begüterte Familien in Felsen gehauene Gräber, meist mit mehreren Grabkammern. Josef von Arimathäa würdigt Jesus in ganz besonderer Weise, wenn er ihn in sein Grab legt. Ein solches Felsengrab wurde verschlossen, indem ein großer runder Stein vor die Öffnung gerollt wurde. Ausdrücklich erwähnen die Evangelien: Der Stein war vor dem Eingang. Das Grab war zu, das Leben, Ringen, Leiden, Sterben zu Ende.

Meditation

Am Grab eines Menschen zu stehen, den Tod so hautnah vor Augen, gibt uns einen anderen Blick auf unser Leben, er relativiert vieles. Was wirklich wichtig ist und was nicht, wird uns angesichts des Todes bewusst. Am Grab eines Menschen, kann das Wissen um unsere Vergänglichkeit auch heilsam sein, kann dieses Wissen unserem Leben eine neue Blickrichtung geben. »Ewigkeit in die Zeit, leuchte hell herein, dass uns werde klein das Kleine und das Große groß erscheine.« Darum stehen auf den Gräbern der Christen auch oft Kreuze, zum Zeichen für das Sterben Jesu, sein Vorangehen in den Tod und durch den Tod hindurch zu einem neuen Leben in der Ewigkeit.

Das Leid wird verwandelt in Liebe, der Tod in Leben. Jesus hat den letzten Feind, den Tod, ein für alle Mal überwunden. Er ist uns vorangegangen, vom Sterben in ein neues Leben. Kein Leid ist so groß, dass es in der Finsternis enden muss, kein Problem zu groß. Alle Finsternis des Lebens kann von Ostern her hell werden.

Wenn wir mit dem Tod konfrontiert sind, können wir seit Ostern wissen, dass der Tod nicht das Letzte ist, sondern dass Jesus uns vorausgegangen ist in ein neues und ewiges Leben. Dort hat alles Leid ein Ende, werden alle Tränen abgewischt, alle Lasten von uns genommen, dann herrscht Frieden in Ewigkeit. Unter dem Osterlicht können wir auch unser alltägliches Leben leichter bewältigen und Zuversicht für dunkle Wegstrecken bekommen.

Gebet

(Am besten den ganzen Psalm 22 beten – mit den Worten und Bildern der Passion, aber auch mit der Hoffnung auf neues Leben; wenn der ganze Psalm zu lang ist, folgende Auswahl:)

Mein Gott, mein Gott, warum hast du mich verlassen? Ich schreie, aber meine Hilfe ist ferne. Mein Gott, des Tages rufe ich, doch antwortest du nicht, und des Nachts, doch finde ich keine Ruhe.
Du aber bist heilig, der du thronst über den Lobgesängen Israels. Unsere Väter hofften auf dich; und da sie hofften, halfst du ihnen heraus.
Zu dir schrien sie und wurden errettet, sie hofften auf dich und wurden nicht zuschanden. Herr, sei nicht ferne; meine Stärke, eile, mir zu helfen!
Dich will ich preisen in der großen Gemeinde, ich will mein Gelübde erfüllen vor denen, die ihn fürchten. Die Elenden sollen essen, dass sie satt werden; und die nach dem Herrn fragen, werden ihn preisen; euer Herz soll ewiglich leben.

(aus Psalm 22)

Gestaltungsvorschlag

Textlesung

Erklärung

Persönliche Meditation

Lied
Liturgische Ostergesänge (unter EG 181) oder
O Haupt voll Blut und Wunden (EG 85,9+10)

Auch hier ist es besser, in der Stille zu bleiben. Als Gedankenanstoß können die Teilnehmer gebeten werden, über die Frage nachzudenken: An welchen Gräbern bin ich schon gestanden? Was hat mir dabei Hoffnung gegeben?

Wenn keine Auferstehungs-Station mehr gestaltet wird, kann hier auch evtl. noch eine Ostermeditation gelesen werden.

Die Auferstehung

(Siehe auch Bildband »Die Passion Christi«, S. 136)

Jesus ist nicht im Grab geblieben. Gott hat ihn aus dem Tod in ein neues Leben gerufen.
Die Frauen am Ostermorgen waren zuerst nur erschrocken. Die Jünger konnten es nicht fassen.
Erst als Jesus sich ihnen als der Lebendige zeigte, begriffen sie es – genauer: Sie wurden von der umwälzenden Botschaft, von der schöpferischen Macht Gottes ergriffen: Jesus lebt! So hat Gott seinen Tod für uns bestätigt.

Die Feier der Auferstehung gehört nicht mehr im engeren Sinn zu einem Kreuzweg; und doch darf der Kreuzweg nicht enden, als ob das Grab das Letzte wäre. Am Ende des Weges fällt das Licht des Ostermorgens auf den Tod – Halleluja.

Gestaltungsvorschlag

Eine Osterkerze (evtl. zusätzlich bei Gestaltung im Raum ein Fenster mit Transparentpapier als Osterfenster gestalten), für die Teilnehmer eine Kerze (Teelicht), die später angezündet wird. Ein gebackenes Kreuz, noch mit einem weißen Tuch zugedeckt.

Nach der Textlesung (Johannes 20,24-29) und Erklärung wird die Kerze angezündet.

Wir schauen das Licht/Fenster an und lassen es auf uns wirken. Anschließend nimmt jeder ein Teelicht und zündet es an der Osterkerze an.

Unter einem weißen Tuch liegt in der Mitte ein gebackenes Kreuz. Um dieses Kreuz stellen wir die Teelichter, die wir an der Osterkerze entzündet haben. Daran anschließend verteilen wir das Brot an die Teilnehmer, entweder im großen Kreis oder laden ein, an Tischen miteinander zu essen und zu reden, Gemeinschaft miteinander zu haben.

Lied

Liturgische Ostergesänge (unter EG 181) oder andere Osterlieder

Die sieben Worte Jesu am Kreuz

Hinweise zur Durchführung

In Passionsfeiern, Gottesdiensten, Gruppen- oder Hauskreisabenden kann eine Meditation über die Worte Jesu am Kreuz hilfreich und eindrücklich sein.

Die folgenden Erklärungen, Gebete, Lieder und konkreten Gestaltungsvorschläge sollen in ein tieferes Verständnis der Worte Jesu führen.

Es kann sinnvoll sein, den Raum mit Bildern von Kreuzen in verschiedenen Formen und Größen zu dekorieren. Es bietet sich auch an, eine Diaserie mit Kreuzen zu zeigen, und diese mit Passionsmusik zu unterlegen.

1. Wort am Kreuz

Vater, vergib ihnen;
denn sie wissen nicht, was sie tun!

(Lukas 23,34)

(Siehe auch Bildband »Die Passion Christi«, S. 106)

Da kreuzigten sie ihn« – so berichtet die Passionsgeschichte kurz und knapp, ohne Schnörkel und ohne einen Hinweis auf die entsetzlichen Qualen, die Jesus erleiden musste. Da führen die römischen Soldaten einen Befehl aus, tun ihren Job mit Hammer und Nägeln, brutal, hart, wie sie es gewohnt sind – was zählt schon ein Menschenleben!?

»Da kreuzigten sie ihn« – und dann: »Jesus aber sprach: Vater, vergib ihnen.«

Dieses »Aber« ist wichtig. Jeder andere Mensch schreit bei diesem Schmerz. Jeder andere brüllt das Unrecht hinaus, das da an ihm geschieht. Jeder andere verflucht, verdammt, verwünscht. Aber Jesus vergibt. Bittet Gott um Vergebung. Je länger man darüber nachdenkt, desto unvorstellbarer wird es, unbegreiflich: Kann Gott verzeihen, was da geschieht?

Es ist vielleicht kein Wunder, dass in manchen frühen Bibelhandschriften dieses Wort von Jesus fehlt. »Vergib ihnen« – nein, das kann nicht sein, das darf nicht sein. Aber es steht im Evangelium dieses »Aber«: »Jesus aber sprach: Vater vergib ihnen, denn sie wissen nicht, was sie tun!« Die Soldaten sind sich keiner Schuld bewusst. Erst nach dem Sterben von Jesus begreift es einer: »Dieser ist Gottes Sohn gewesen« (Matthäus 27,54). Erst nach der Auferweckung verstanden es viele andere: Hier starb nicht ein Schuldiger, sondern Jesus trug die Schuld der Menschheit: »Vater, vergib.« Genau derselbe griechische Begriff steht im Vaterunser, wo Jesus zu bitten lehrt: »Und vergib uns unsere Schuld, wie wir vergeben unseren Schuldigern« (Matthäus 6,12).

In der Passionsgeschichte kommt der griechische Begriff für »vergeben« auch in Matthäus 27,50 vor: »Jesus schrie laut und gab seinen Geist auf« (Luther: »... und verschied«). Im Griechischen ist »den Geist aufgeben« und »vergeben« dasselbe Wort. Nur wer sich selbst ganz Gott hingeben kann, wird anderen vergeben können. Wer sein Leben ganz Gott überlässt, kann von Gedanken der Rache loslassen.

So wird Jesus, als er gekreuzigt wird, zum Fürsprecher für seine Peiniger, zum Anwalt für die Schuldigen. So wird seine Bitte zur Bitte für die Welt, sein Gebet zur Befreiung für uns: »Vater, vergib ihnen.« Hier leuchtet Gottes Gerechtigkeit auf, die größer ist als alle Schuld. Gottes Liebe bis in den Tod.

Gestaltungsvorschlag

Die Teilnehmer werden gebeten – eventuell schon vor der Erklärung zum Text –, sich in der Stille Gedanken zu machen, wem sie nicht vergeben können oder wollen.

Evtl. können auch Blätter ausgeteilt werden mit Sätzen wie:
»Das verzeihe ich dir nie, dass du ...«
»Da muss viel geschehen, bevor ich ... verzeihe.«
»Eine tiefe Wunde in meinem Leben, die mich immer wieder bitter macht : ...« (oder ähnliche Sätze).

Vergeben zu können ist die beste Therapie – nicht Vergeben zu können, ist die größte Last, die wir mit uns herumtragen.
Was könnte mir helfen, anderen zu vergeben?
Wie sieht das nicht vergebene Ereignis aus der Sicht des anderen aus?
Was bedeutet die Vergebung von Jesus für mein Leben?

Material
Papier und Stifte, Hintergrundmusik

Zum Nachdenken
Vergebung heißt nicht das Ja zu einer vergangenen Schuld, wohl aber das Ja zu einem Menschen mit seiner vergangenen Schuld. (Otto Hermann Pesch)

Lieder
Vergiss nicht zu danken
Nun gehören unsre Herzen (EG 93)

2. Wort am Kreuz

Wahrlich, ich sage dir:
Heute wirst du mit mir im Paradies sein.

(Lukas 23,43)

(Siehe auch Bildband »Die Passion Christi«, S. 118)

Die Passionsgeschichte berichtet von zwei anderen Männern, die neben Jesus gekreuzigt wurden:

Einer der Übeltäter, die am Kreuz hingen, lästerte ihn und sprach: Bist du nicht der Christus? Hilf dir selbst und uns! Da wies ihn der andere zurecht und sprach: Und du fürchtest dich auch nicht vor Gott, der du doch in gleicher Verdammnis bist? Wir sind es zwar mit Recht, denn wir empfangen, was unsre Taten verdienen; dieser aber hat nichts Unrechtes getan. Und er sprach: Jesus, gedenke an mich, wenn du in dein Reich kommst! Und Jesus sprach zu ihm: Wahrlich, ich sage dir: Heute wirst du mit mir im Paradies sein.

(Lukas 23,39-43)

Einer der beiden, die mit Christus gekreuzigt werden, fängt in seiner Todesstunde an, Jesus zu verhöhnen. Man kann ihn verstehen: »Was ist nun mit dir? Wo ist deine Macht, deine Kraft? Bist du nun der angekündigte Retter oder nicht?« Der Verurteilte hat sein eigenes Bild von einem starken Gott und dem Messias, der von der römischen Macht befreit. Diesem Bild entspricht Jesus nicht. Darum fordert der Verbrecher Jesus auf zu helfen – oder er ist eben nicht der von Gott gesandte Retter. Lukas nennt dies Blasphemie.

Der andere der beiden begreift es anders: »Fürchtest du dich nicht vor Gott?« Er klagt Gott nicht an, sondern ahnt: Bald werde ich der Angeklagte sein vor Gottes Thron. Er richtet nicht über Gott, sondern weiß ihn als letzten Richter. Er verhöhnt Jesus nicht, sondern spürt, dass Jesus als Unschuldiger einen Tod erleidet, der ihm zum Heil werden kann. So kann er in seinen letzten Lebensstunden etwas Tiefes bitten: »Gedenke an mich, wenn du in dein Reich kommst.«

Jesus antwortet: »Heute noch wirst du mit mir im Paradies sein.« Eine starke Zusage, ein tiefer Trost, eine helle Verheißung vom Kreuz herab. Jedes Wort ist dabei wichtig:

- *Heute noch* – du fällst im Tod nicht in eine leere Zeit ohne Gott, so unvorstellbar und unfassbar sie sein wird.
- *Mit mir* – du bist nicht allein, auch nicht in der letzten Stunde und durch den Tod hindurch.
- *Im Paradies* – in der unsichtbaren Welt Gottes, in unmittelbarer Nähe von Gott. »Gott wird bei ihnen wohnen; und er wird abwischen alle Tränen von ihren Augen« (vgl. Offenbarung 21,3-4).

Es gibt nichts Schöneres, was man einem Menschen in seinen letzten Lebensstunden sagen kann – und was ein Verbrecher hören kann: *Du – mit mir – im Paradies.* Wenn Menschen um den Horizont der Ewigkeit wissen, relativiert sich manches im Leben. Vieles wird unwichtig oder nebensächlich, wenn wir bewusst auf das Paradies zu leben und es als Ziel vor Augen haben.

Gestaltungsvorschlag

Es gibt viele Passionsbilder, die Jesus mit den beiden Verbrechern am Kreuz zeigen. Was fällt auf? Wie haben die Künstler den einen, wie den anderen »Schächer« gemalt?

Wenn die Möglichkeit zur Bildung von Kleingruppen besteht, können folgende Fragen zum Gespräch anregen:

- Welche letzten Worte von mir nahe stehenden Menschen habe ich schon gehört – und was haben sie bewirkt?
- Welche Worte würde ich gerne in meiner letzten Lebensstunde hören?
- Was möchte ich einem sterbenden Mitmenschen sagen?

Kleinen Arbeits- oder Gesprächsgruppen kann man auch die Frage stellen: Was ändert sich, wenn ich bewusst im Horizont der Ewigkeit lebe? (Auf Plakate oder Folien notieren und anschließend in der großen Gruppe darüber reden.)

3. Wort am Kreuz

Frau, siehe, das ist dein Sohn! – Siehe, das ist deine Mutter!

(Johannes 19,26f.)

(Siehe auch Bildband »Die Passion Christi«, S. 120)

Maria, die Mutter Jesu, steht unter dem Kreuz. Mit ihr und einigen anderen Frauen hat es einer der Jünger gewagt, bis hierhin mitzukommen. Nun stehen sie unter dem Kreuz, bewegt von Schmerz, Ratlosigkeit und Trauer. Sie sehen Jesus sterben. War alles Mitgehen im Jüngerkreis ein großer Irrtum? War alles Hoffen umsonst? Und was soll nun mit ihnen werden?

»Als nun Jesus seine Mutter sah und bei ihr den Jünger, den er lieb hatte ...« – so berichtet das Evangelium. Jesus sieht sie, hat bei aller Qual noch einen Blick für sie, mehr noch: ein Wort. Ein letzter Wille, ein Vermächtnis, das die Seinen weiterführt. Wohin?

Jesus führt sie vom Kreuz herab zusammen, die beiden:

Maria, die leidende Mutter, die jetzt, wenn der Sohn stirbt, unversorgt und allein ist. Damals gab es keine Rente oder offizielle Altersversorgung, sondern Kinder hatten ihre Eltern bis ins Alter zu versorgen.

Und der »Jünger, den Jesus lieb hatte«, vermutlich ist Johannes gemeint, der von Jesus einst in die Nachfolge berufen wurde und seitdem mit ihm ging.

Nun bekommen diese beiden zugesagt, dass sie jetzt auch und jetzt erst recht zusammengehören. Jesus bestimmt sie zu Mutter und Sohn. Er verbindet sie miteinander, übergibt die Verantwortung für die Mutter an Johannes und stellt Johannes unter die liebende Fürsorge seiner Mutter.

So fügt der Gekreuzigte bis heute Menschen zusammen, die unter seinem Kreuz zusammenkommen. Maria und Johannes werden zum Vor-Bild für die Gemeinde. Menschen, die zu Jesus gehören, gehören auch zueinander. So fängt Kirche an – hier unter dem Kreuz. Und wo immer Menschen unter dem Kreuz zusammenkommen, geht dieses Wort von Jesus weiter: Du – da ist dein Bruder, deine Schwester.

Fragen zum Nachdenken und zur Meditation

Wie verhalten wir uns, wenn wir von Schmerzen geplagt sind? Denken wir dann noch an andere? Oder drehen wir uns dann doch fast nur noch um uns selbst? Sind wir dann nicht oft schnell gereizt und unausstehlich? Jesus ist da anders – seine liebende Kraft ist auch in der Stunde schwerster Schmerzen immer noch da; sie ist für Maria und Johannes und für andere Menschen unter dem Kreuz erfahrbar. Die Kraft zum Lieben erlischt nicht unter Schmerzen und Qualen, sie reicht weiter. Daran können wir uns festhalten und Kraft schöpfen, wenn wir selbst kraftlos und lieblos werden. Um seine Kraft zur Liebe können wir bitten, wenn unsere Kraft verloren gegangen ist.

Seine Liebe zu seiner Mutter und zu Johannes steht zeichenhaft für seine Liebe zu jedem Menschen.

Gestaltungsvorschlag

Die Teilnehmer bekommen Bibelworte überreicht – und zwar, um die persönliche Zusage zu zeigen, in Form eines persönlichen Briefes. Sie können ihren Namen in den Briefkopf einsetzen. So wie Jesus am Kreuz seiner Mutter und dem Jünger Johannes seine Liebe gezeigt hat, zeigt er uns heute noch seine Liebe durch sein Wort.

Geeignete Verse für einen solchen »Brief«:

Jesaja 43,1
Römer 8,38-39
Jesaja 1,18
1. Johannes 1,9
Matthäus 6,33
Psalm 16,11
Johannes 14,27
Psalm 4,9
Psalm 115,12

Lieder
Liebe, die du mich zum Bilde (EG 401)
Herz und Herz vereint zusammen (EG 251)

4. Wort am Kreuz

Mein Gott, mein Gott, warum hast du mich verlassen?

(Matthäus 27,46)

(Siehe auch Bildband »Die Passion Christi«, S. 125)

Jesus betet. Er schreit zu Gott. Er betet einen Psalm. In seiner Sterbestunde hat er das Sterbegebet jedes frommen Juden auf den Lippen: Psalm 22. Er reiht sich flehend ein in die Ungezählten, die diese Worte schon vor ihm gebetet haben.

»Mein Gott, mein Gott, warum ...« – so beginnt der Psalm.

Wie viel Jesus davon noch laut beten konnte, wissen wir nicht. Schon den ersten Satz haben die Spottenden unter dem Kreuz nicht mehr richtig verstanden: »Eli, Eli, lama asabtani« – »eli« heißt: »mein Gott«. Die unter dem Kreuz verstanden es falsch und meinten: »Er ruft den Elia.«

Aber Jesus rief nicht nach Elia, sondern er betete den Sterbepsalm, der so beginnt: »Mein Gott, mein Gott, warum hast du mich verlassen?« – Der Ruf eines Psalmbeters, der bedroht ist von Feinden, wilden Mächten ausgeliefert, dem Tode nahe.

»Sie teilen meine Kleider unter sich und werfen das Los um mein Gewand« – so sieht schon der Beter von Psalm 22 (vgl. V. 19), was auch unter dem Kreuz geschah. Doch es bleibt nicht beim Klagen. »Aber du, Herr, sei nicht ferne; meine Stärke, eile, mir zu helfen! ... Rühmet den Herrn, die ihr ihn fürchtet ... Denn er hat nicht verachtet noch verschmäht das Elend des Armen und sein Antlitz vor ihm nicht verborgen; und als er zu ihm schrie, hörte er's« (V. 20.24-25).

So führt der Psalm von der Klage zum Lob, von der Frage zur Antwort, von der Tiefe in die Nähe Gottes: »Die nach dem Herrn fragen, werden ihn preisen; euer Herz soll ewiglich leben« (V. 27).

Es geht, wenn man in dem ersten am Kreuz gebeteten Vers den ganzen Psalm mithört, also nicht darum, dass sich Jesus in dieser Stunde wirklich von Gott verlassen wusste; er betet ja nachher auch: »In deine Hände befehle ich meinen Geist.« Jesus betet Psalm 22 und vertraut sich damit Gott an, dem, der am Ende retten und in Ewigkeit bewahren wird.

Gestaltungsvorschlag

Dunkle Stunden, Gefühle der Gottverlassenheit kennen viele Menschen aus ihrem persönlichen Leben. In Lebenskrisen, in Leidsituationen, in Zweifel oder Schmerzen kann einem der Satz auf den Lippen liegen: »Wo bist du Gott?«, oder »Hast du mich verlassen?«.

Welcher Satz oder Gedanke hat mir in solchen Situationen schon geholfen?

Wie sehe ich im Rückblick auf die schweren Zeiten meines Lebens?

Was habe ich in den dunklen Stunden meines Lebens gelernt?

Zum Nachdenken
Das ist der tiefste Segen des Leides, dass es Raum macht für Gott. (Dora Rappard)

5. Wort am Kreuz

Mich dürstet.

(Johannes 19,28)

(Siehe auch Bildband »Die Passion Christi«, S. 124)

Danach, als Jesus wusste, dass schon alles vollbracht war, spricht er, damit die Schrift erfüllt würde: Mich dürstet.

Da hängt er am Kreuz, der Kranke geheilt hat, und leidet. Da hängt er, der Hungrige gespeist hat, und seine Kräfte schwinden. Da hängt er, der Durstigen zu trinken gab, und hat selbst Durst. Kreatürliche Not, tiefes Leiden. Und dies, damit die nach Leben Dürstenden zur Quelle finden.

Im Johannesevangelium ist das Wort »mich dürstet« überliefert – und das ist kein Zufall. Johannes berichtet vom ersten Wunder Jesu, als er bei jener Hochzeit zu Kana Wasser in Wein verwandelte (Johannes 2,1ff.). Das Evangelium erzählt, wie Jesus der Frau am Jakobsbrunnen begegnete, jener nach erlöstem Leben dürstenden Frau, und Jesus zeigt ihr die Quelle des Lebens: Er selbst ist die Quelle und sein Wort seine Kraft (Johannes 4).

Das Evangelium berichtet schließlich auch davon, dass, nachdem Jesus gestorben war, ein Soldat einen Speer nahm und in seine Seite stach und Blut und

Wasser kamen heraus. Da fließt etwas aus dem, der da schreit »mich dürstet« – da fließt Blut und Wasser heraus, zeichenhaft für uns: Blut als Zeichen des Sakraments des Mahls, und Wasser als Zeichen des Sakraments der Taufe. Taufe und Abendmahl – die Sakramente, die den Durst nach wirklichem Leben stillen können. Damit wir zuletzt nicht dürsten müssen, sondern von dem leben, der für uns Durst erlitten hat.

Meditation

Jesus kann den Durst nach Leben, ja unsere tiefsten Sehnsüchte stillen. Viele Menschen suchen an der falschen Stelle nach den Durstlöschern. Viele Menschen landen darum in Süchten oder vordergründigen Vergnügen, weil sie nicht wissen, wie die tiefste Sehnsucht im Herzen gestillt wird. Jesus allein, seine Gegenwart in unserem Leben macht uns wirklich satt. Er in uns und wir in ihm.

Psalmgebet

Gott, du bist mein Gott, den ich suche.
Es dürstet meine Seele nach dir,
mein ganzer Mensch verlangt nach dir aus trockenem, dürrem Land, wo kein Wasser ist.
So schaue ich aus nach dir in deinem Heiligtum, wollte gerne sehen deine Macht und Herrlichkeit.
Denn deine Güte ist besser als Leben; meine Lippen preisen dich.

(aus Psalm 63)

6. Wort am Kreuz

Es ist vollbracht!

(Johannes 19,30)

(Siehe auch Bildband »Die Passion Christi«, S. 135)

»Es ist vollbracht.« – Im Griechischen steht dafür nur ein Wort: »tetelestai«. Dieses Wort hat zwei Bedeutungen:

Es heißt zum einen: Es ist aus, fertig. Der Kampf ist zu Ende und das Leiden geht nicht weiter – und es ist gut so. Die andere Bedeutung von »tetelestai«: Es ist vollendet, fertig gestellt, beschlossen. Gottes Weg mit Jesus ist zu seinem Ziel gekommen. »So sehr hat Gott die Welt geliebt, dass er seinen Sohn gab« – nun ist der Weg frei, der Weg zum versöhnten Leben, der Weg zu Gott. Nun hat die Welt ein anderes Gesicht. Nun ist Frieden möglich. Nun kann jeder Mensch von Gottes Liebe leben. Nun müssen Schuld und Schande nicht mehr belasten. Wir sind frei. Es ist vollbracht.

Nach dem Johannesevangelium ist es das letzte Wort von Jesus. Danach »neigte er sein Haupt und verschied«. Nach den anderen Evangelien war dies »zur neunten Stunde«, also nachmittags um drei

Uhr. Nach dem Johannesevangelium war dies auch am »Rüsttag« (V. 31) die Zeit, in der man im Tempel begann, die Passahlämmer für das Fest zu schlachten. Jesus stirbt zu demselben Zeitpunkt – eben als das »Lamm, das der Welt Sünde trägt« (Johannes 1,29) – und gemäß den Anweisungen für das Passahlamm (2. Mose 12,46) wird ihm kein Bein gebrochen. »Es ist vollbracht« – das Opfer für die Welt. Das Lamm Gottes stirbt, damit wir leben.

Gestaltungsvorschlag

Dieses letzte Wort von Jesus sollte nicht zerredet werden. Es ist besser, Zeit zur Stille zu geben – dazu vielleicht die Frage: Was bedeutet dieses Jesuswort »Es ist vollbracht« konkret für mich? Für meinen Alltag, für meine Beziehungen, für meine ungelösten Probleme, für meine Schuld?

Musikalischer Zugang
Johann Sebastian Bach hat in seiner Johannespassion das Wort »Es ist vollbracht« eindrücklich vertont und dazu eine Arie komponiert.

7. Wort am Kreuz

Vater, ich befehle meinen Geist in deine Hände!

(Lukas 23,46)

(Siehe auch Bildband »Die Passion Christi«, S. 127)

Nach dem Lukasevangelium ist dies das letzte Wort von Jesus.

Auch hier betet Jesus einen Psalm: das Abendgebet jedes frommen Juden – Psalm 31. Nur dass Jesus es vertrauter betet als bisher: »Abba«, sagt er, »Papa«.

In Psalm 31 geht das Wort so weiter: »Du hast mich erlöst, Herr, du treuer Gott.« Und einige Verse später: »Ich aber, Herr, hoffe auf dich und spreche: Du bist mein Gott! Meine Zeit steht in deinen Händen.«

In deine Hände – meinen Geist, mein Leben. Wer mit Psalm 31 und mit Jesus am Kreuz so beten kann, ist geborgen. Er kann im Vertrauen darauf leben und auch sterben. Mein Leben in seiner Hand. Weil er sein Leben für mich gab.

Dieses letzte Wort von Jesus am Kreuz macht uns Mut zur täglich neuen Hingabe an unseren gekreuzigten und auferstandenen Herrn: ihm gehören und ihm gehorchen, für ihn leben und auch leiden, sich von ihm führen und leiten lassen. »Leben wir, so leben wir dem Herrn; sterben wir, so sterben wir dem Herrn. Darum: wir leben oder sterben, so sind wir des Herrn« (Römer 14,8).

Gestaltungsvorschlag

Psalm 31,2-6.8.25 miteinander beten und meditieren. Oder Hingabegebet für die Teilnehmer kopieren – in der Stille oder miteinander beten lassen.

Hingabegebet

Lieber Vater im Himmel.
Hier bin ich vor dir. Du siehst in mein Herz.
Du weißt um meine tiefsten Sehnsüchte
und auch um alle meine Ängste und Sorgen.
Du kennst die verborgenen Gedanken
und die Schuld, die ich auf mich geladen habe.

Hier bin ich vor dir.
Mein ganzes Leben liegt offen vor dir.
Dir gebe ich mich hin.
Ich bitte dich vergib mir meine Schuld.
Ganz neu will ich mich öffnen
für dein Wirken in meinem
Leben und für dein Reden zu meinem Herzen.

Komm und gestalte mein Leben nach deinem Willen.
Dir will ich gehorchen, dir will ich folgen.
Dir vertraue ich.
Du lieber himmlicher Vater.
Dir befehle ich mich an. Amen.

Barabbas
Eine Erzählung

Hier folgt eine Nacherzählung[1] der Barabbasgeschichte aus der Sicht des Barabbas. Diese »Ich«-Form kann helfen, sich in den Verurteilten und Freigesprochenen hineinzuversetzen. Die Erzählung kann in Passionsfeiern, auch bei der ersten Kreuzwegstation oder für Andachten verwendet werden.

Der Tag damals hat traurig angefangen. Überhaupt – wenn ich an damals denke. Alles war so schmutzig und stickig, so finster und feucht in diesem Loch – ein erschreckender Ort.

Damals – kurz vor meinem neu geschenkten Leben.

Es war dunkel, und es stank; und sie – die Soldaten der Besatzungsmacht –, sie machten sich auch noch über meinen Zustand lustig und ließen mich bewusst in der Finsternis sitzen. Sicher hätte es auch andere Zellen gegeben. Aber auf mich hatten sie es besonders abgesehen. Klar – ich weiß: Ich hatte mich

---

[1] aus: Cornelia Mack, »Wir gestalten das Osterfest« © 1998 Brunnen Verlag GmbH, Gießen.

selbst hierher gebracht. Ich weiß auch: Ich hätte mich anders entscheiden können. Ich hätte nur den Aufständischen sagen müssen: Ich mache nicht mit! Aber ich wollte ja mitmachen, wollte mitkämpfen, wollte mein Land verteidigen, wollte für meinen Glauben streiten, wollte gegen die schrecklichen Besatzer siegen. Jetzt siegten sie über mich – anscheinend. Wie oft dachte ich in diesem Loch: Jetzt ist es aus! Das war nun dein Leben. Das war deine Heldentat. Ich sah die Szene immer wieder vor mir – das kurze, aber heftige Gefecht. Wir hatten uns gute Chancen gegeben. Darum griffen wir an. Aber die Römer wehrten sich tapfer. Sie waren stärker als wir vermuteten. Einen von ihnen konnte ich mit meinem kurzen Schwert noch tödlich treffen, dann überwältigten sie mich. Nun stand ich vor ihrem Gericht. Aufruhr und Mord – so klagten sie mich an. So folterten mich die Soldaten. So drohten sie mir mit ihrer Geißel, dem grausamsten ihrer Folterinstrumente – und ich hörte in der Zwischenzeit schon viele unter Geißelhieben brüllen.

So saß ich in meinem Loch. Ich wusste nicht, wann sich die schwere Tür für mich wieder öffnen würde. Ich wusste nicht, mit welchen grausamen Methoden sie mich noch quälen wollten. Ich wusste nicht, wann ich zur Hinrichtung vor die Stadttore getrieben würde.

Aber eines wusste ich: Dass es keinen Ausweg mehr gab. Keine neue Chance. Keine Freiheit mehr. Mein Leben war aus. Zu Ende. Verwirkt. Freilich – da draußen feierten sie mich. Immer wieder hörte ich in der Ferne – irgendwo vor den Gefängnismauern –

meinen Namen rufen. Sie dachten noch an mich. Das war tröstlich. Manche verehrten mich sogar. Ein Märtyrer wird schnell ein Held. Aber davon bekommt man kein neues Leben.

Und dann kam jener Tag. Der Tag, an dem ich zu leben anfing. Der Tag meines geschenkten Lebens.

Frühmorgens war es. Ich erinnere mich genau an diesen 14. Nisan. War er doch Rüsttag unseres Passahfestes. Unser Fest der ersehnten Freiheit. Der Tag des Passahlamms. An jenem Morgen hörte ich sie – die schweren Schritte. Sie kamen meiner Zellentür immer näher. Ich wusste sofort, dass es mehrere von den Legionären waren, die zur Bewachung der Untersuchungsgefangenen im Prätorium abgestellt waren. Ihre Waffen klirrten. Jetzt machten sie Halt, und die Ketten an meiner Tür wurden aufgeschlossen. Ich erschrak nun doch. Wie oft hatte ich mir für diesen Moment Mut zugesprochen. Aber nun war der Moment gekommen, ihr Würgeengel – dachte ich. Gerade am Tag des Würgeengels!

»Rauskommen«, befahl eine barsche Stimme. Die Fackel in der Hand eines Soldaten blendete mich. Schon lang hatte ich kein so helles Licht mehr gesehen. Sie zerrten mich wild vom Boden hoch, lösten meine Fußfesseln, schoben mich zur Tür hinaus, stießen mich die Treppen hoch. Dann ging alles sehr schnell. Je höher ich kam, desto mehr hörte ich das Geschrei von draußen. Eine Menge schien aufgebracht zu sein. Das gleißende Sonnenlicht blendete mich überaus stark, und es dauerte einige Minuten, bis sich meine Augen wieder an das Licht gewöhnten. Aber die Rufe hörte ich laut. Immer lauter. Sie schrien. Sie schrien meinen Namen. Meinen! Ich wusste nicht, wie mir geschah. Noch führten mich die Soldaten über einen Hof, hielten mich noch fest an den Armen. Meine Hände waren gefesselt. Aber von den Schmerzen der Fesseln spürte ich in diesem Augenblick nichts mehr. In mir rasten die Eindrücke und Gedanken. Träumte ich? Jetzt blieben sie mit mir stehen. Einige von den Schreienden dort glaubte ich zu erkennen. Einige Zeloten waren dabei. Aber warum die Priester? Warum die vornehmen Herrschaften – gehörten nicht einige zum Hohen Rat? Was wollten sie an diesem Morgen vor dem Prätorium? Hatte es wieder einen Aufstand gegeben? Aber warum riefen sie dann meinen Namen?

Da fuhr ich entsetzt zusammen. Dort lagen ein paar Balken. Wie ein Stich durchbohrte mich ihr Anblick. O ja, ich wusste nur zu gut, wozu die hier lagen. »Mors crucis«, sagen die Römer dazu, Tod am Kreuz, scheußlichster aller Tode – mich schauerte. Daneben die klobigen Nägel, die schweren Hammer. War es nun also so weit? Wieder unterbrach ein lauter Schrei meine Gedanken. Wieder mein Name. Dann wurde es still.

Und jetzt erst bemerkte ich ihn. Dort drüben stand er höchstpersönlich. Er hatte gerade seine Hand erhoben – darum die Ruhe. Ich hatte Pontius Pilatus bisher nur von Weitem gesehen. Und viel Grausames über ihn gehört. Er selbst war also hierher gekommen. Auch ein Würgeengel für diesen Tag! Jetzt hörte ich ihn. »Was soll ich denn mit ihm machen?« Und wie aus einem Mund der Schrei: »Kreuzige ihn, kreuzige ihn!« Ich zuckte entsetzt zusammen – und da erst sah ich den anderen. Den, auf welchen der Prokurator zeigte. Den Menschen auf der anderen Seite von Pilatus. Seine Hände in Ketten gefesselt wie meine. Seine Arme von zwei Soldaten gehalten wie meine. Seine Gestalt aufrecht, nicht widerstrebend, in einer geheimnisvollen Weise würdig. Und kaum sah ich ihn, zeigte Pilatus wieder auf ihn: »Was hat er denn Schlimmes getan?« Statt einer Antwort schrie die Volksmenge nur noch lauter: »Kreuzige, kreuzige ihn.«

Dann war auf einmal alles entschieden. Noch ehe ich recht verstand, begann einer der Soldaten, meine Handfessel zu lösen. Drüben sah ich den Statthalter seine Hände in eine Wasserschüssel tauchen. Und an dem auf der anderen Seite tobten sich schon einige Soldaten aus. Sie rissen ihm sein Gewand vom Körper, schlugen ihn; und während zwei Soldaten mich ruppig fortzerrten, hörte ich die ersten Geißelhiebe. Ich dachte zuerst nur daran, wieder in meine Zelle zu kommen – aber sie führten mich hinaus. Vor das Gefängnis. Hinaus in die Freiheit. In die Freiheit! Die lang ersehnte Freiheit. Auszug aus der Gefangenschaft. Der Würgeengel ist vorbeigezogen. Passahfest! Welch ein Zusammentreffen an diesem Tag.

Ich konnte meine Freiheit kaum fassen. Ich fing erst langsam an zu laufen, dann schneller, dann streckte ich meine Arme von mir, begann zu jubeln, laut zu singen und zu jauchzen, zu tanzen und zu springen. Ich war frei! Frei! Wer kann sich das vorstellen, wieder so frei zu sein? Frei – trotz des sicheren Tods vor Augen. Frei – und kurz vorher noch ein gefolterter Häftling.

Frei – warum eigentlich? Erst langsam dämmerte mir diese Frage. Freigesprochen wurde ich nicht.

Von dem Aufruhr damals war vorhin gar nicht mehr die Rede. Von meinem Mord wurde nichts gesagt.

Da wurde ja überhaupt nicht *mein* Fall verhandelt. Da wurde – das ging mir erst später richtig auf – der Fall dieses anderen verhandelt. Und weil sein Fall verhandelt wurde, war in einer seltsamen Verbindung auch meine Sache dran. Weil er verurteilt wurde, kam ich frei. Weil er geschlagen wurde, ließ man mich laufen. Aber ich war doch schuldig. Oder nicht? Oder nicht mehr? Meine Hände schaute ich immer wieder an – eben noch gefesselte Hände, eben noch gebunden, die Striemen waren noch auf der Haut zu erkennen – und jetzt frei, wirklich frei.

Wer kann sich das vorstellen? Ein neues Leben in geschenkter Freiheit. Und das, weil jener dort am Kreuz gestorben ist. Eine seltsame Logik. Und ich bin frei.